GIRASSOL

Quanto Lixo!

Jess French

DK | Penguin Random House

Dados Internacionais de Catalogação na Publicação (CIP)
Angélica Ilacqua CRB-8/7057

French, Jess
Quanto lixo! / Jess French ; tradução de Ana Uchoa.
-- Barueri, SP : Girassol, 2020.
64 p. : il., color.

ISBN 978-85-394-2462-7
Título original: What a waste!

1. Reciclagem - Literatura infantojuvenil 2. Poluição - Literatura infantojuvenil 3. Recursos naturais - Literatura infantojuvenil 4. Educação ambiental - Literatura infantojuvenil I. Título II. Uchoa, Ana

19-1900 CDD 363.7

Índices para catálogo sistemático:
1. Proteção ao meio ambiente - Infantojuvenil

Título original: What a waste

A Penguin Random House Company
Edição de projeto: Manisha Majithia
Edição de arte do projeto: Sadie Thomas
Edição: Kathleen Teece
Projeto gráfico: Xiao Lin, Rachael Parfitt Hunt e Bettina Myklebust Stovne
Designer da capa: Anna Lubecka
Pesquisa de imagens: Sakshi Saluja
Consultoria: Stephen Burnley

Publicado no Brasil por
Girassol Brasil Edições Eireli
Al. Madeira, 162 – 17º andar – Sala 1702
Alphaville – Barueri – SP – 06454-010
leitor@girassolbrasil.com.br
www.girassolbrasil.com.br

Diretora editorial: Karine Gonçalves Pansa
Coordenadora editorial: Carolina Cespedes
Assistente editorial: Talita Wakasugui
Revisão: Ricardo N. Barreiros
Tradução: Ana Uchoa
Diagramação: Deborah Takaishi

Impresso no Brasil

UM MUNDO DE IDEIAS

www.dk.com

Sumário

Nosso planeta está mergulhado em lixo,
mas, se agirmos agora, ainda podemos salvá-lo.

Introdução

Quando criança, uma das coisas que eu mais gostava de fazer era procurar tesouros perdidos na praia. Eu morava no litoral e passava horas buscando bichos e fósseis na areia. Encontrei muita coisa legal, mas, infelizmente, muito lixo também. De bexigas a assentos de privada, era mais provável achar um pedaço de plástico do que uma concha. Hoje, como veterinária, vejo em primeira mão o efeito terrível que nosso lixo tem sobre a vida selvagem e os animais de estimação.

As pessoas hoje estão produzindo mais lixo do que nunca e nosso planeta está sofrendo. Acredito de verdade que, se todos nós tivéssemos consciência de quanto mal nosso lixo faz ao planeta, daríamos um jeito de mudar. Ao falar sobre isso, aqui neste livro, espero que possamos começar a virar o jogo em relação ao desperdício e tornar o mundo um lugar melhor e mais limpo para todos. Felizmente existem soluções simples para muitos dos nossos problemas com o lixo, e o poder de fazer a diferença está em nossas mãos.

Jess French

O problema do desperdício

O lixo gerado a cada ano dá para encher uma fila de caminhões que daria **24 voltas** ao redor da Terra.

Novos aterros sanitários destroem o habitat de animais, enquanto a queima de resíduos polui o ar.

Cultura do descarte

Copos plásticos, canudos, embalagens e talheres descartáveis – muitos produtos são feitos para serem jogados fora! Mas para onde esses objetos dispensáveis vão depois que os usamos?

Se não mudarmos nossos hábitos, em 30 anos vamos gerar **70%** mais lixo do que agora.

Resíduo é tudo o que jogamos fora. Tudo o que fazemos gera algum tipo de resíduo. É algo que faz parte da vida. No entanto, é importante garantir que não criemos mais resíduos do que o necessário.

O lixo é um problema para animais no mundo todo. Tanto bichos de estimação quanto animais selvagens podem se enroscar em sacos plásticos ou confundi-los com comida. Animais marinhos estão em maior perigo.

Além de atrair ratos portadores de doenças, os imensos lixões (aterros sanitários) produzem gases que aquecem a Terra e líquidos que poluem a água.

O plástico é incrível. Resistente e à prova d'água, dura muito tempo. No entanto, essas propriedades fazem dele um material difícil de se decompor.

Há plásticos que não podem ser reciclados, e mesmo aqueles que podem não se decompõem por completo.

Poluição

A poluição acontece quando algo nocivo entra em contato com o meio ambiente e prejudica animais, plantas e pessoas. Ela pode vir de lugares surpreendentes. Alguns tipos de poluição, como o petróleo na água, são fáceis de ver, enquanto outros são completamente invisíveis.

Agrotóxico pulverizado em plantação.

Poluição do solo

Muitos agricultores usam agrotóxicos para matar insetos e fazer crescer as plantações. Esses produtos químicos se acumulam na terra e a tornam tóxica. Quando chove, eles se espalham: do solo vão parar em rios, lagos e mares da região.

Poluição da água

O petróleo e seus derivados são as principais causas de poluição da água. Eles pingam do motor de barcos ou vazam de navios ou canos danificados. Aderem ao pelo e às penas dos animais marinhos, que deixam de ser à prova d'água. Os animais podem se envenenar quando tentam retirar o petróleo com a língua ou o bico. O caso brasileiro mais famoso é o do derramamento de petróleo nas praias do litoral, em 2019. O petróleo atingiu mais de 900 pontos em 11 estados.

Poluição do ar

Carros, fábricas, fazendas e depósitos de lixo geram gases tóxicos, que podem se espalhar por centenas de quilômetros através do ar que respiramos. Eles fazem mal aos pulmões, causando problemas como a asma.

Poluição sonora

Som alto é estressante o bastante para nos deixar doentes. A Organização Mundial da Saúde estima que 10% da população mundial está exposta a níveis de pressão sonora que podem causar perda auditiva por ruído, ou seja, trata-se de um problema de saúde pública. Os piores vilões do barulho são carros e aviões.

No Brasil, há mais de **65 milhões** de veículos motorizados.

250 mil pássaros foram mortos em um vazamento do petroleiro Exxon Valdez em 1989.

Poluição luminosa

O céu de grandes cidades à noite é muito iluminado, o que pode ser mortal para tartarugas recém-nascidas. Elas confundem as luzes com o reflexo da lua na água e andam em direção à cidade em vez de irem para o mar.

92% da população mundial respira ar poluído.

Poluição do ar

De todos os tipos de poluição, a do ar é a mais perigosa. Respirar ar poluído mata, por ano, 7 milhões de pessoas no mundo. Cidades ao redor do planeta estão encontrando novas formas de combater esse tipo de poluição.

Carros elétricos

Carros movidos a eletricidade não produzem tantos gases quanto carros movidos a gasolina ou diesel. Este último é particularmente ruim para as pessoas, pois, quando queima, gera óxidos de nitrogênio, gases que são perigosos de inalar.

Pesquisas mostram que a **poluição do ar** piora o desempenho em testes de Matemática.

Cidades verdes

Plantar árvores em cidades poluídas ajuda a limpar o ar. Elas podem capturar partículas de poluição em suas cascas e folhas, além de absorver gases nocivos.

Avisos inteligentes

A cidade de Seul, na Coreia do Sul, emite avisos se a poluição do ar estiver alta. Isso ajuda as pessoas que têm problemas respiratórios a decidirem se ficam ou não em casa.

Recursos

O planeta Terra está repleto de materiais úteis, como a água doce e o ouro. Esses materiais são chamados de **recursos naturais**. Nós os usamos para tantas coisas que é difícil imaginar um mundo sem eles. É preciso ter cuidado para não esgotá-los.

Leva 300 milhões de anos para o carvão se formar.

Frisbee plástico

O plástico é feito de combustíveis fósseis.

Petróleo

Gás

Poços profundos são perfurados no solo para retirar gás e petróleo.

Poço de petróleo

Bola plástica de futebol

Caminhão de gasolina

Combustíveis fósseis são os mais usados nos transportes.

Combustíveis fósseis

Combustíveis fósseis, como gasolina e carvão, são feitos de restos de seres vivos e levam milhões de anos para se formar. A queima desses combustíveis movimenta veículos, aquece casas e produz eletricidade.

Água

Há uma quantidade fixa de água na Terra. Essa quantidade atual é a mesma de quando nosso planeta foi formado! Infelizmente, a maior parte dessa água não é boa para nós, como a água dos oceanos, que é muito salgada para beber. E boa parte da água da Terra foi poluída com nossos resíduos.

A água é usada na produção de muitas coisas em fábricas.

Oceano

Menos de 1% da água da Terra é considerada apropriada para o consumo.

Mesa de madeira

Mais de 60% da superfície da Terra já foi coberta de árvores. Hoje é menos de 30%.

A agricultura é a principal razão pela qual cortamos árvores.

Madeira

A madeira é um material importante. É usada para construir casas, fabricar móveis e como combustível. Também usamos árvores para fazer livros, revistas e papel higiênico.

Cadeira de madeira

Colher de madeira

Papel higiênico

Livro

O papel do Forest Stewardship Council (FSC) vem de florestas onde mais árvores são plantadas que cortadas, ou seja, de áreas de manejo florestal responsável.

naturais

Minerais

Os minerais são materiais sólidos que levam milhões de anos para se formar no subsolo. Há milhares de minerais diferentes, incluindo a prata e o ouro. Eles podem ser valiosos, mas extraí-los pode prejudicar o meio ambiente. Alguns minerais raros estão desaparecendo.

Mina de ouro

O estanho é usado para revestir metais e impedi-los de enferrujar.

Quadro de alumínio da bicicleta

A bauxita é usada para produzir um metal leve e forte: o alumínio.

Laptop

O tungstênio não derrete facilmente e pode ser encontrado em foguetes, laptops e máquinas de raio X.

O ouro foi um dos primeiros minerais a ser extraído.

O quartzo é usado na produção do vidro.

Garrafa de vidro

Um *tablet* contém cerca de 35 minerais diferentes.

Atmosfera da Terra

A camada de ozônio absorve até 98% dos raios UV do sol.

O ozônio é uma forma de oxigênio. A camada de ozônio está no alto da atmosfera.

Efeito estufa

Quando os raios solares atingem a Terra, alguns são absorvidos, mas a maior parte é refletida como calor. Os gases do efeito estufa atuam como um cobertor, evitando que esse calor saia da atmosfera. Então, se há uma quantidade maior desses gases, o planeta aquece. Esse aumento de temperatura é chamado de aquecimento global.

Usina elétrica

Usinas geram eletricidade, e muitas são movidas a carvão ou gás. Quando queimados, esses combustíveis liberam grandes quantidades de dióxido de carbono, que é o gás do efeito estufa mais produzido em atividades humanas.

As árvores absorvem gases do efeito estufa. Cortá-las remove o melhor filtro de ar do mundo!

Transportes

Carros, caminhões, ônibus, trens e aviões liberam enormes quantidades de gases do efeito estufa, porque a maioria deles é movida pela queima de combustíveis fósseis.

Por ano, uma única vaca pode liberar até **120 kg** de metano, um dos gases do efeito estufa.

A atmosfera é uma camada de gases que envolve nosso planeta e nos protege do calor do Sol. Os gases que aquecem a Terra são chamados de gases do efeito estufa. Atividades como a queima de combustível produzem mais gases, o que causa um aumento na temperatura média do planeta.

que danificam a pele.

Clima extremo

O aquecimento global gera condições meteorológicas extremas. Nos últimos anos, ondas de calor, secas, incêndios florestais e tempestades de chuva e neve tornaram-se mais comuns.

Gelo derretido

Temperaturas elevadas em todo o mundo estão causando o derretimento de grandes áreas de gelo, como montanhas glaciares, calotas polares e geleiras. A água derretida flui para o oceano, elevando o nível do mar.

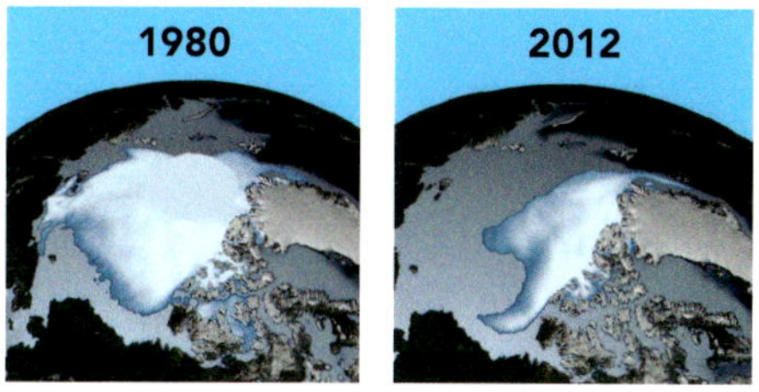

O gelo marinho que cobre o Oceano Ártico está diminuindo. Note a quantidade de gelo no verão de 1980 (à esquerda) em comparação com o verão de 2012 (à direita).

Smog

Smog é uma névoa densa de gases e partículas tóxicas, geralmente encontrada em grandes cidades. É pior em dias quentes, quando não há vento para dissipá-la.

O litoral corre mais risco do aumento do nível do mar por conta do derretimento do gelo.

O clima quente com baixa pluviosidade aumenta o risco de incêndios florestais.

O clima extremo pode causar problemas, como inundações.

Desmatamento

Há milhares de anos, as pessoas derrubam árvores para construir casas e fazer fogueiras. Hoje derrubamos florestas mais rápido do que nunca, seja para obter madeira e combustível ou para liberar grandes áreas para a agricultura. As árvores também são cortadas para fazer papel: usamos 985 mil toneladas de papel todos os dias!

Os orangotangos perderam mais de 80% de seu habitat nas florestas nos últimos 20 anos. Há hoje um alto risco de extinção da espécie.

Óleo de palma

O óleo de palma é um óleo suave e cremoso feito a partir do fruto da palmeira africana. É usado em um grande número de produtos, de óleo de cozinha e chocolate até produtos de limpeza e batons. Apesar de nativa da África, essa palmeira é hoje cultivada em outras partes do mundo, em grandes plantações. Florestas são derrubadas e substituídas por palmeiras, o que significa que muitos animais perdem suas casas.

Fruto da palmeira

Por que precisamos de florestas?

Muito mais que um conjunto de árvores, as florestas compõem uma parte vital de um planeta saudável.

Dióxido de carbono Ao crescer, as árvores usam o dióxido de carbono, um gás que causa a mudança climática durante a fotossíntese. Elas absorvem outros gases nocivos do ar também.

Oxigênio Durante a fotossíntese, as árvores consomem gás carbônico, e oxigênio é liberado. Por isso, as florestas são chamadas de "pulmões" da Terra.

Fornecimento de água As árvores transportam a água do solo de volta ao ar, onde pode formar nuvens de chuva que impedem a seca.

Proteção do solo A raiz das árvores mantém o solo no lugar, impedindo que ele seja levado pela água ou pelo vento.

Proteção contra inundações Durante chuvas fortes, as árvores reduzem o fluxo de água nos rios, ajudando a evitar enchentes.

Remédios Muitos remédios são extraídos de plantas da floresta ou têm base em substâncias encontradas nelas.

Biodiversidade Cerca de 80% de todos os seres vivos da Terra vivem em florestas. Essa variedade de vida é chamada de biodiversidade.

Pessoas Cerca de 300 milhões de pessoas vivem em florestas e dependem delas para seu trabalho e alimentação.

Existem 3 trilhões de árvores no mundo, porém 15 bilhões são cortadas a cada ano.

O QUE VOCÊ PODE FAZER?
Peça a seus pais ou responsáveis que escolham produtos que usem óleo de palma sustentável. Isso significa que as palmeiras foram cultivadas de maneira segura para as pessoas, os animais e o meio ambiente.

O óleo de palma é usado em mais da metade dos produtos embalados do mercado.

O óleo de palma é um conservante, ou seja, ele impede que as coisas estraguem. Tem muitos outros nomes – pelo menos 200 –, como óleo de palmiste, palmoleína, azeite de dendê, estearina de palma e, muitas vezes, é chamado apenas de óleo vegetal. Então, pode ser muito difícil saber se seus produtos favoritos contêm o óleo. No entanto, se realmente quiser evitá-lo, você pode fazer uma pesquisa na internet para encontrar marcas que fazem questão de não usá-lo.

Energia renovável

A vida seria muito diferente sem aquecimento e eletricidade. Usamos combustíveis fósseis para criar energia, mas não podemos fazer mais deles. Por outro lado, energia de fontes que nunca acabarão é chamada de energia renovável!

A energia da luz do Sol pode ser usada para aquecer água e produzir eletricidade. Ela é coletada por painéis solares.

Plantas podem ser combustível. Plantações, restos de comida, madeira e resíduos podem ser queimados para gerar energia.

Energia hidrelétrica

A energia hidrelétrica usa a força da água em movimento. Barragens direcionam a água do rio para acionar as máquinas de produção de eletricidade.

Energia geotérmica

As rochas e a água subterrânea são quentes ou geotérmicas. Esse calor pode ser usado para gerar eletricidade.

Energia eólica

A energia eólica é coletada usando turbinas de vento. Ou seja, o vento gira as pás, acionando máquinas que transformam a energia em eletricidade.

Nova tecnologia

Cientistas estão trabalhando para desenvolver maneiras novas de produzir energia para não prejudicar o planeta.

Carros podem usar eletricidade em vez de gasolina ou diesel, que são combustíveis fósseis.

Calçadas especiais podem gerar energia! Os passos pressionam as máquinas sob o pavimento, produzindo energia para coisas como iluminação.

O calor humano pode aquecer edifícios! O calor do corpo em prédios movimentados pode ser coletado em saídas de ar. Ele aqueceria a água a ser bombeada por tubos.

Casa eficiente

Muitas casas desperdiçam água e calor ou usam muita eletricidade. Casas eficientes desperdiçam muito pouco ou nada! A eletricidade e o aquecimento são muitas vezes gerados sem o uso de combustíveis fósseis. Em casas que não são eficientes, há muito que fazer para desperdiçar menos.

Contêiner de transporte

Contêineres usados para o transporte de carga podem ser feitos de casas.

Casa ecológica

Estas casas fornecem energia própria e coletam água da chuva.

Casa de palha

Fardos de palha são bons isolantes e podem ser usados para construir casas baratas.

Carbono zero

Um sistema que não produz gás carbônico é chamado de "carbono zero".

Construir casas utilizando terra!

Ecocasas

Uma casa ecológica é construída para ter baixo impacto sobre o meio ambiente e é feita de materiais reutilizados ou naturais. Tem bom isolamento e é hermética para manter o calor. A eletricidade vem de fontes renováveis, como a luz solar.

A energia renovável representa cerca de 18% da energia do mundo!

Lixo doméstico

Quase tudo o que fazemos gera resíduos. De sobras de comida e pertences quebrados a embalagens e roupas velhas, jogamos fora coisas que poderiam ser consertadas ou reutilizadas. Se reciclarmos o lixo, ele pode virar algo novo. Porém, há coisas que não podem ser recicladas.

Menos de 5% dos sapatos são reciclados.

Mais de 200 bilhões de latas de alumínio são usadas por ano.

Metal

O metal é encontrado em tudo, de chaleiras a latas. O aço e o alumínio são os metais domésticos mais comuns. Eles devem ser reciclados.

Outros

No mundo todo, montanhas de roupas, produtos elétricos e outros itens são jogados fora todos os dias. Eles poderiam ser doados ou remendados.

A Finlândia recicla cerca de 90% do seu vidro.

Vidro

Jarras e frascos intactos de vidro são fáceis de reutilizar em casa; podem armazenar comida e bebida. O vidro pode ser reciclado muitas vezes.

Há locais no mundo tentando viver sem nenhum desperdício. Continue lendo este livro para ver como você pode gerar menos lixo!

Por ano, cerca de 42 mil toneladas de restos de alimentos são descartados no Brasil!

Resíduos de jardim

Restos de comida

Comida e jardim

Muita comida é desperdiçada no mundo. Resíduos de jardim e mudas de plantas também são jogados fora.

Por ano, cerca de 30% do papel utilizado no Brasil vai parar em lixões e aterros.

Papel de presente

Cartolina

Jornal

Papel

Temos reciclado papel há milhares de anos. Infelizmente, muito papel ainda vai para a lixeira e não é reciclado.

Embalagens

91% de todos os plásticos já criados não foram reciclados.

Vasilhas

Plástico

Bilhões de itens de plástico são jogados fora todo dia. Alguns podem ser reciclados, porém o processo é difícil e o plástico só pode ser reciclado algumas vezes.

Sempre desperdiçamos tanto assim?

No passado, as pessoas geravam muito menos lixo. Foi somente no século XX que começamos a desperdiçar tanto. Então, o que mudou?

1900

As coisas eram caras ou feitas em casa. Itens velhos eram reutilizados ou consertados. Só o que não tinha reparo era jogado fora.

1950

Embalagens plásticas ainda não tinham sido inventadas, então o papelão era usado. Eletrodomésticos eram caros e raramente descartados.

Hoje em dia

Muita coisa é embalada em recipientes plásticos. É barato fazer roupas e eletrônicos, então compramos mais do que nunca e jogamos fora.

Para onde isso vai?

Quando algo é jogado fora, pode acabar do outro lado do mundo! Todo lixo tem um destino depois que vai para a lixeira. Seja a pé até um ponto de reciclagem ou de caminhão até um aterro sanitário, o lixo pode virar coisas novas ou adubo para plantas, ou ser queimado e descartado com segurança.

Lixo comum

Este tipo de resíduo não pode ser reciclado ou virar adubo. O lixo comum é levado por caminhões de lixo para diferentes locais.

O caminhão amassa o lixo para ocupar menos espaço.

O lixo reciclável também é transportado por caminhão.

Coleta seletiva

O que pode ir para o lixo reciclável depende de onde você mora. Alguns lugares têm uma lixeira para cada material. Outros têm lixeiras misturadas. Normalmente há um dia da semana para a coleta seletiva.

Lixo orgânico

Resíduos de jardim e alguns restos de comida viram uma mistura marrom chamada compostagem. Este lixo também pode ser decomposto em gás por micróbios e usado para gerar eletricidade.

A incineração produz poluição do ar.

O lixo geralmente é levado para um destes dois destinos.

Incineração

O lixo é queimado aqui. O lixo em chamas aquece a água, que vira vapor e alimenta as máquinas para gerar eletricidade.

Aterro

Destino mais comum do lixo no Brasil, o aterro sanitário é um buraco no chão onde o lixo é enterrado. Pode cobrir grandes áreas.

O óleo da comida pode manchar a embalagem e torná-la não reciclável.

Ponto de reciclagem

A reciclagem é dividida por tipos de material, que são transformados em novos itens. O que não é reciclável segue para ser incinerado ou aterrado.

Fora do país

De 2014 a 2016, o Reino Unido enviou mais de 880 mil toneladas de plástico por ano para ser reciclado ou descartado em outros países. Mas desde 2018 uma nova lei mais restrita tem estimulado a redução do uso de plástico nesse país.

Plantas em crescimento

A compostagem orgânica pode ser espalhada por campos e jardins para ajudar outras plantas a crescer. Alguns grupos coletam lixo orgânico para fazer adubo.

Perigo

Itens como baterias contêm material perigoso e/ou prejudicial à saúde. Devem ser postos em embalagens especiais para o descarte seguro.

Lixão

À medida que o lixo se decompõe, gases nocivos como o metano e o gás carbônico são liberados.

Comida em aterros atrai muitos animais. Eles podem se envenenar por toxinas e sufocar com pedaços de plástico.

A água que escorre de aterros sanitários (chorume) contém partículas tóxicas e pode envenenar o lençol freático da região.

Com o aumento da população, as pessoas estão vivendo mais perto de lixões, o que pode ser um sério risco à saúde.

O aterro de Bantar Gebang, em Jacarta, na Indonésia, é um dos maiores

Os enormes depósitos de lixo são conhecidos como aterros sanitários ou lixões. Muitos anos atrás, as pessoas jogavam o lixo nas ruas. Um dia, percebemos que viver ao lado de lixo poderia ser ruim à saúde. Surgiram doenças, então passaram a levar o lixo das cidades para os lixões.

Gases perigosos podem ser produzidos em lixões se produtos químicos como amônia e alvejante se misturarem.

Antes

Montanha de lixo

Israel costumava ter um lixão enorme e fedorento chamado Hiriya, conhecido como Montanha de Lixo. O lugar foi transformado no Parque Ariel Sharon. A montanha de lixo foi selada com uma camada de plástico. Por cima, cascalho e terra foram colocados para que plantas pudessem crescer. Outros países estão fazendo o mesmo com seus antigos aterros sanitários. No Brasil, infelizmente cerca de 60% do lixo vai parar em aterros, sem que haja controle ou manutenção desses espaços.

Depois

No parque, os visitantes podem fazer trilhas a pé e de bicicleta, visitar o zoológico e desfrutar de shows ao ar livre.

do mundo e tem o tamanho de **160 campos de futebol.**

Plástico para sempre

Uma vez que um objeto plástico, como um brinquedo ou garrafa de água, é produzido, ele dura muito tempo. O plástico não apodrece, apenas se decompõe em pedaços menores. Temos que encontrar um lugar para colocar todos os objetos plásticos que jogamos fora.

Para onde vai?

Desde que o plástico foi inventado, cerca de 9,1 bilhões de toneladas foram fabricadas. Muito disso vai para depósitos de lixo, os aterros sanitários. Apenas uma pequena quantidade foi reciclada até hoje.

Tipos de plástico

Há muitos tipos de plástico, cada um com propriedades diferentes: de forte e duro a macio e flexível. É preciso ter certeza de que os descartamos corretamente. Alguns plásticos não podem ser reciclados, outros só podem ser reciclados em locais com a tecnologia correta disponível.

Politereftalato de etileno (PET)

Este é um dos tipos mais comuns de plástico. Encontra-se na maioria das garrafas de água e garrafas de bebida. Plástico contendo PET pode ser amplamente reciclado, mas não deve ser reutilizado porque bactérias podem surgir com o passar do tempo. Além disso, os produtos químicos de dentro do plástico podem vazar para o conteúdo.

Poliestireno (PS)

Trata-se de um plástico leve e de fácil fabricação, usado para fazer copos descartáveis, embalagens de ovos e de isopor. Ele se quebra facilmente e o vento frequentemente o leva para os oceanos, onde pode prejudicar a vida marinha. O poliestireno não costuma ser reciclado, e devemos reduzir seu uso quando possível.

Copo descartável

Fralda descartável

Polipropileno (PP)

Este plástico é flexível, leve e resistente ao calor. Ele é usado para fazer revestimentos plásticos encontrados em caixas de cereais, fraldas descartáveis, potes de iogurte e embalagens de salgadinho. Às vezes, o PP pode ser reciclado, mas não é aceito em todos os lugares. Por isso, é preciso consultar antes.

Como posso ajudar?

- Use garrafa de água reutilizável em vez de garrafas plásticas descartáveis.
- Use canudos e copos de metal ou papel e talheres de madeira em vez de plástico.
- Leve sua própria sacola ao mercado em vez de usar as de plástico.

Cerca de 20 mil garrafas plásticas são compradas por segundo. Menos da metade são coletadas para reciclagem. Uma garrafa PET demora cerca de 400 anos para se decompor!

Plástico descartável

Garrafas plásticas de leite

Garrafas plásticas de bebida

Copos plásticos

Itens descartáveis

Com exceção dos incinerados, quase todos os itens de plástico já criados ainda existem! O plástico nunca se decompõe por completo, apenas em pedaços menores e menores. Cerca de 40% do plástico é embalagem desnecessária.

Pote de sabonete

Fraldas descartáveis

Escovas de dente de plástico

Bexigas

Restos de bexiga caídos pelo chão são com frequência comidos por animais, que podem ficar doentes ou morrer.

Canudos plásticos

Talheres de plástico

Plástico filme

Tartarugas marinhas costumam comer sacos plásticos, confundindo-os com águas-vivas. Seu sistema digestório pode ficar bloqueado pelo plástico.

O plástico jogado fora por ano poderia dar **quatro voltas** na Terra.

Sacolas plásticas são usadas, em média, por apenas **12 minutos**.

Pacotes de plástico

Vivemos em um mundo descartável. Metade de todos os itens plásticos é usada apenas uma vez antes de ser jogada fora. Juntos, eles criariam uma pilha pesando quase o mesmo que três Empire State Buildings.

Garrafa de leite reutilizável

Canecas reutilizáveis

60 milhões de garrafas d'água descartáveis são jogadas fora por dia.

Garrafas reutilizáveis

Trocas *eco-friendly*

Algumas pessoas tentam não gerar lixo algum! Você pode substituir todo tipo de plástico descartável por materiais ecologicamente corretos ou reutilizáveis. Materiais naturais que se desfazem sem causar poluição, como os cogumelos, são ótimos para embalagens.

Fraldas reutilizáveis

Escovas de dente de madeira

Sabonetes em barra

Embalagem de cera de abelha

Embalagens de cera de abelha são uma alternativa reutilizável para o plástico filme.

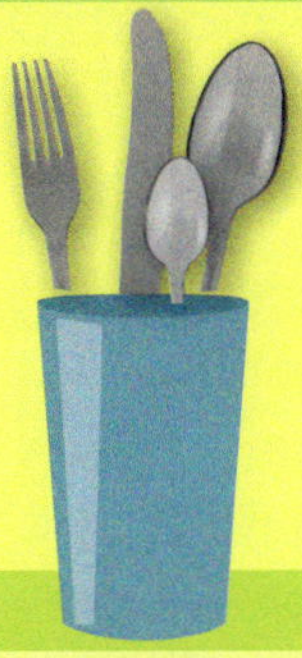

Talheres de metal

Canudos de papel

Canudos plásticos levam até **200 anos** para se decompor.

Frutas e legumes frescos e soltos

Embalagem de cogumelo

Massas para reutilizar seus recipientes

Sacola

Salve nossos mares!

Imagine uma ilha de lixo no meio do oceano. Quando os itens de plástico são levados para o mar, eles se juntam e formam depósitos de lixo flutuantes. O plástico se decompõe tão lentamente na água que nunca desaparece completamente.

Capacetes de segurança são encontrados nos oceanos desde 1989.

Ásia

Oceano Pacífico

Ilha de lixo

O lixo nos oceanos é transportado pela água em movimento até formar gigantescas placas flutuantes de lixo. O maior desses amontoados é a Grande Porção de Lixo do Pacífico (GPLP), que fica no norte do Oceano Pacífico. É cerca de três vezes o tamanho da França e contém cerca de 1,8 trilhão de pedaços de lixo.

As tartarugas marinhas capturadas na GPLP podem ter 74% de suas dietas compostas de plástico oceânico.

Austrália

O plástico na GPLP pesa quase o mesmo que 500 aviões jumbo!

Giros oceânicos

A água do oceano se move em correntes. Giros são correntes que se movem em círculo. Eles agrupam pedaços de lixo em enormes placas giratórias. Existem cinco principais placas de lixo em nossos oceanos.

Os microplásticos foram encontrados na década de **1950**.

Quase metade do lixo na Grande Porção de Lixo do Pacífico vem de redes de pesca descartadas.

Microplásticos

O plástico no mar nunca desaparece completamente, mas só se decompõe em partes menores. Pedaços de plástico com menos de 5 mm são chamados de microplásticos. Peixes e pássaros confundem essas partículas com comida e as engolem.

Aproximadamente 75 milhões de toneladas de lixo são jogadas fora diariamente.

1 Reduzir

A melhor maneira de parar de desperdiçar tanto é comprar menos coisas. Leve uma sacola para a loja em vez de usar sacolas plásticas e compre frutas e verduras soltas para evitar embalagens plásticas.

2 Reutilizar

A segunda melhor medida que você pode tomar é reutilizar as coisas em vez de usá-las apenas uma vez. Tente artesanato para encontrar novos usos para objetos antigos. Latas e potes são ótimos para armazenamento e papel colorido pode ser usado para embrulhar presentes.

3 Reciclar

Para todo o resto, recicle o máximo que puder. O plástico é particularmente difícil de reciclar, portanto, faça substituições ecológicas, como usar um saco de papel que pode ser reciclado em vez de um plástico que não pode.

Muitas pessoas estão tentando viver o mais próximo possível do desperdício zero. Algumas delas podem colocar seu lixo de um ano inteiro dentro de um único frasco de geleia!

JORNAL RECICLA

Especialistas dizem que o que não pode ser reutilizado em casa deve ser reciclado. Assim, materiais são transformados em novos itens, economizando o uso de novos materiais. No entanto, nem tudo é reciclável.

É preciso a mesma quantidade de energia para fazer uma lata de alumínio e manter uma TV ligada por três horas!

24 árvores geram 1,1 tonelada de jornal.

Vida nova ao cocô!

O lixo reciclado pode se tornar os itens mais improváveis. De pneus de bicicleta a cadernos, seus pertences podem ser feitos de colheres velhas ou mesmo cocô!

O Japão foi o primeiro país a reciclar papel. Já em **1031 a.C.**, todo papel tinha sido

Alemanha lidera o ranking de reciclagem

Os cinco maiores recicladores do mundo conseguem reciclar mais da metade de seu lixo.

Bactéria come plástico

O plástico só pode ser reciclado algumas vezes porque perde qualidade a cada vez que é utilizado. Porém, os cientistas podem ter encontrado uma maneira de se livrar do plástico restante. Uma bactéria que come o tipo de plástico mais usado para fabricar garrafas descartáveis foi descoberta em 2016. Chamada *Ideonella sakaiensis*, ela decompõe o plástico e o usa para se desenvolver.

Alemanha fez história

Em 1991, ela se tornou o primeiro país da União Europeia a responsabilizar as empresas pela reciclagem de seus próprios produtos.

Sem sacolas

Belo Horizonte foi a primeira cidade brasileira a proibir o uso de sacola plástica em supermercados. Na cidade de São Paulo, a medida já está em vigor desde 2015. A lei é de 2011, mas só entrou em vigor após questionamentos judiciais. A tendência é que outros estados e cidades editem leis semelhantes, como de fato aconteceu no município do Rio de Janeiro em 2019.

Infratores da reciclagem

Muitos itens do dia a dia não podem ser reciclados, como pacotes de salgadinho, lenço de papel e certos plásticos. Itens com manchas de comida também não são recicláveis.

reciclado e transformado em papel novo.

Papel reciclado

Milhões de árvores de plantações e florestas são cortadas todos os anos para fazer papel para livros, jornais, revistas e para desenhar ou imprimir. O papel reciclado salva essas árvores.

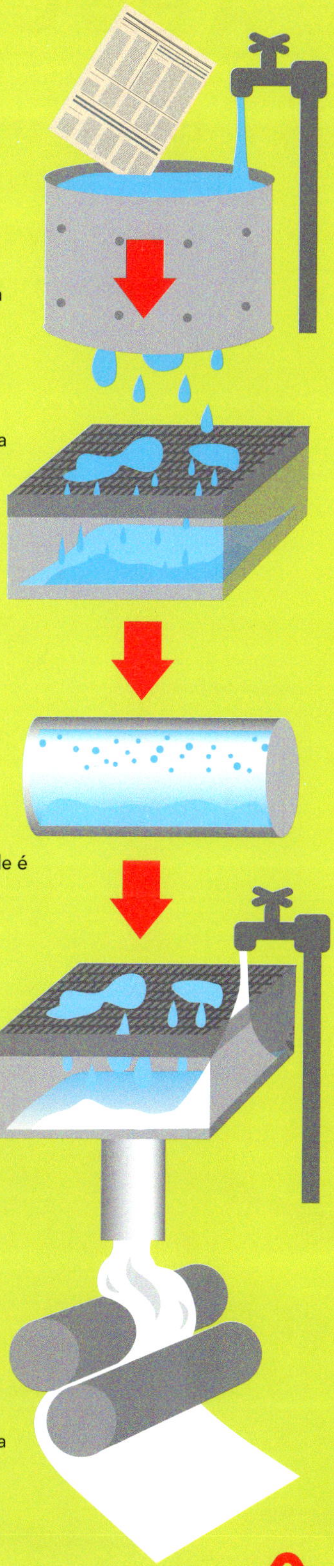

1 O papel é misturado com água para produzir uma pasta. Esse é o primeiro estágio do destintamento, durante o qual toda a tinta é removida.

2 A pasta passa por telas de limpeza para remover manchas, como tinta.

3 O ar é bombeado para dentro. A tinta prende-se a bolhas e flutua até o topo, onde é removida.

4 A pasta é filtrada novamente pelas telas. Isso remove coisas como cola e grampos.

5 A polpa é branqueada, espremida entre chapas e cortada no tamanho certo.

Use menos, descarte menos

Embora seja bom reciclar, o processo ainda usa energia para transformar resíduos em algo novo. É muito melhor – e mais divertido – reutilizar coisas antigas e transformá-las em algo novo e interessante. Isso é chamado reutilização, e suas possibilidades são infinitas!

Antes de jogar fora, pense de forma **criativa** e reutilize!

Nos tempos medievais, a armadura era reutilizada por séculos!

Garrafas de plástico podem se transformar em objetos úteis, como alimentadores de pássaros, vasos de plantas e funis.

Uma boa maneira de reutilizar é comprar itens de segunda mão. Algo que você precisa pode estar no bazar local.

Você pode administrar um ponto de troca e trocar roupas com os amigos. Uma transformação gratuita!

Faça bandeirinhas caseiras com o tecido velho!

Dê vida nova a um pote de vidro

Os potes de geleia e outros de vidro são ótimos recipientes para canetas e itens de papelaria. Você também pode usá-los como copos ou pintá-los com tintas para vidro para fazer castiçais coloridos.

Papel de presente carimbado

Restos de papel ou roupas velhas podem virar papel de presente. Use carimbos para marcar o papel ou pano – você pode até fazer seus próprios carimbos com esponjas velhas ou batatas.

Criar seu próprio papel de presente dá um toque especial a um mimo.

Embrulho

Em vez de comprar algo novo...

Precisa de uma sacola? Não jogue fora suas camisetas velhas! Siga estes passos simples para criar um acessório exclusivo.

Você vai precisar de: tesoura e uma camiseta velha.

Tenha cuidado com a tesoura. Peça para um adulto cortar para você.

1

Vire a camiseta do avesso. Corte as mangas. Corte uma área curva ao redor do pescoço.

2

Corte fendas com 5 cm de comprimento e 2 cm de largura na base da camiseta.

3

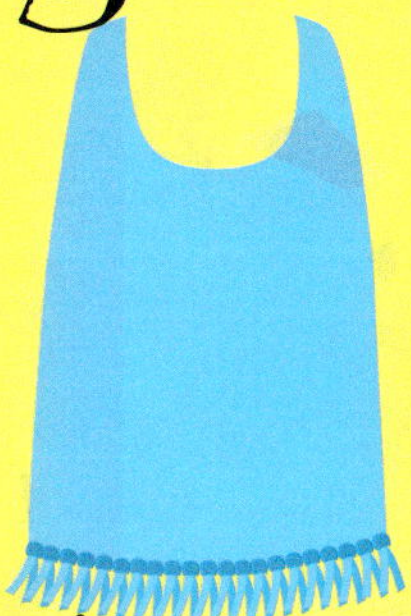

Dê nó duplo com os fios da frente e de trás.

4

Decore sua bolsa com um remendo.

Desvire a camiseta.

Fera na costura

No passado, as pessoas eram ensinadas a aproveitar ao máximo o que tinham. Muitas sabiam costurar: consertavam buracos ou costuras soltas nas roupas.

Do lixo...

Depois de terminar de usar algo, ele não deixa de ser útil. Muitas pessoas encontram novas formas criativas de reutilizar o lixo. A comunidade de Cateura, no Paraguai, vive perto do maior aterro sanitário do país. Eles formaram uma orquestra que toca instrumentos feitos a partir de peças encontradas no lixão.

Como você pode ajudar? **Seja criativo!** Transforme seu próprio lixo em algo novo.

ao luxo

Orquestra Reciclada

A Orquestra de Instrumentos Reciclados de Cateura foi fundada em 2006 por Fávio Chavez. É formada por 30 crianças, cujos instrumentos são feitos a partir de itens de lixo que foram reformados e montados. Os instrumentos incluem violinos, saxofones e bateria. O grupo inspirou projetos similares no Brasil, Equador, Panamá e Burundi.

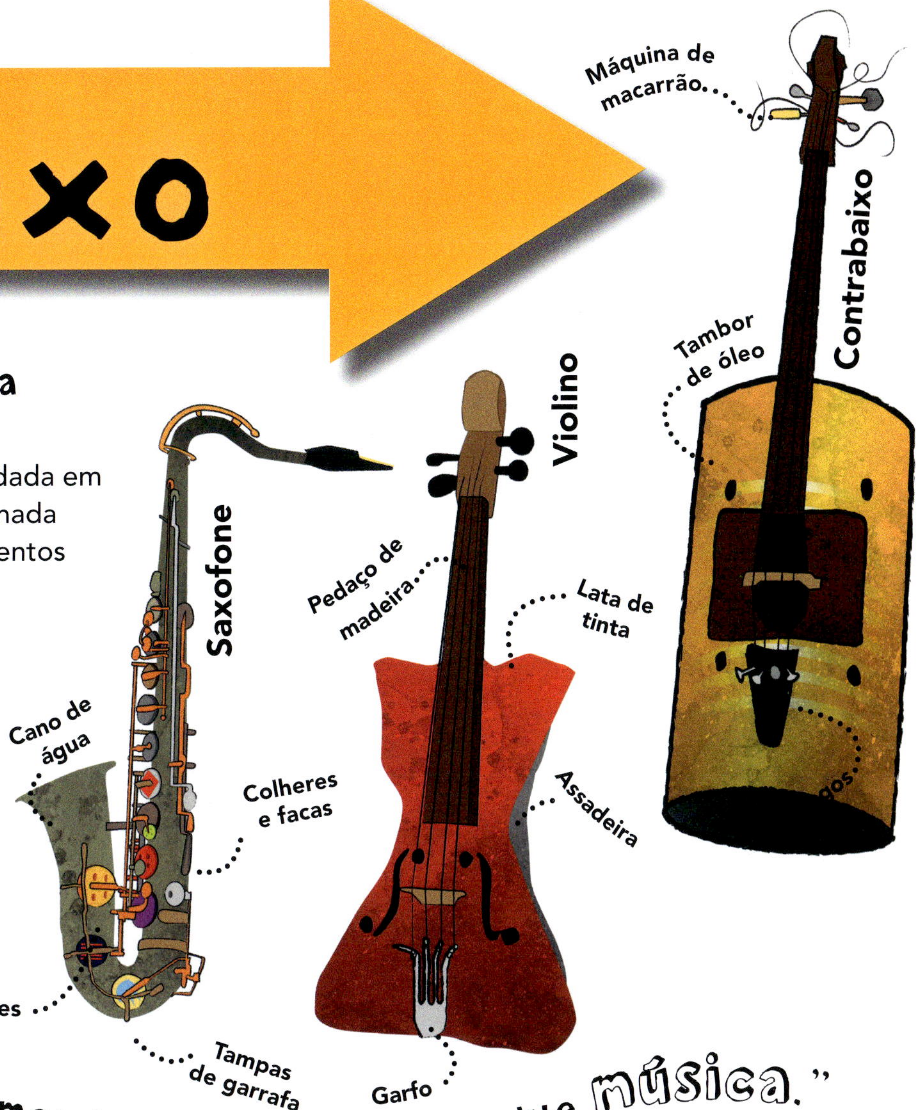

"O mundo nos manda lixo, a gente devolve música."

Fávio Chavez

A orquestra percorre o mundo todo. Dá às crianças novas experiências para motivá-las a aprender e oportunidades para melhorar seu futuro.

Crie um fantoche com meias que não têm par. Faça uma fantasia de robô com papelão.

Lixo eletrônico

Pense em seus aparelhos preferidos. O que acontece com um celular ou tablet quando chega ao fim ou quebra? Lixo eletrônico, ou e-lixo, é o nome dado aos aparelhos eletrônicos que são jogados fora. Quanto mais atualizamos nossos dispositivos, mais lixo eletrônico criamos. Infelizmente, dados de 2019 apontam que apenas 2% de todo o resíduo eletrônico do Brasil é reciclado.

Tipos de e-lixo

O lixo eletrônico varia de itens pessoais, como relógios e telefones, a grandes eletrodomésticos, como geladeiras e freezers. Eles não podem ser jogados no lixo comum, precisam ser levados para um centro de reciclagem especializado.

Resíduos perigosos
Alguns aparelhos podem ter substâncias nocivas como o mercúrio, um veneno presente em baterias.

Descarte adequado
Itens com o símbolo "Resíduos de Equipamentos Eletroeletrônicos (REEE)" não devem ser jogados em uma lixeira comum.

O que devo fazer com isso?

É preciso muita energia para fabricar eletrônicos. Se os jogamos fora quando deixamos de usá-los, toda essa energia é desperdiçada.

Passe para a frente
Se você comprar um novo aparelho, mas o seu antigo ainda funciona, dê o antigo para alguém.

Conserte
Se um aparelho quebrar, tente levá-lo para consertar. Uma nova tela pode deixá-lo tão bom quanto um novo!

O que tem no seu tablet?

Tablets são muito complexos. Eles contêm pequenas quantidades de diferentes metais preciosos, bem como elementos raros, como ítrio e gadolínio. Esses materiais são difíceis de reutilizar, mas é importante que façamos isso em vez de jogá-los fora.

O vidro é bastante usado em telas de celular. Quando racha, em geral pode ser substituído.

Vidro

As baterias geralmente são feitas de lítio. Elas podem, às vezes, ser recicladas, mas isso é caro.

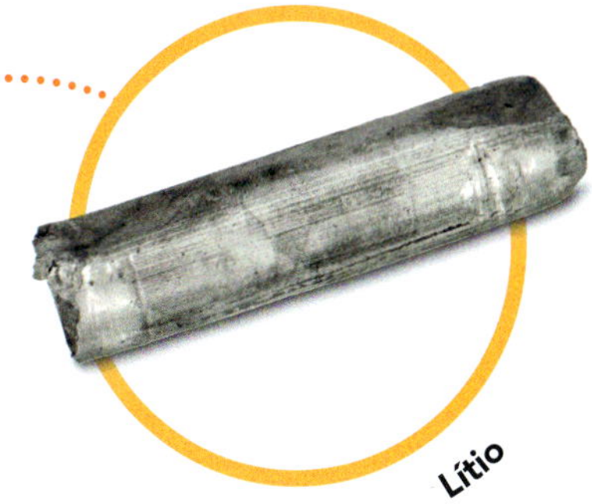

Lítio

Cobre

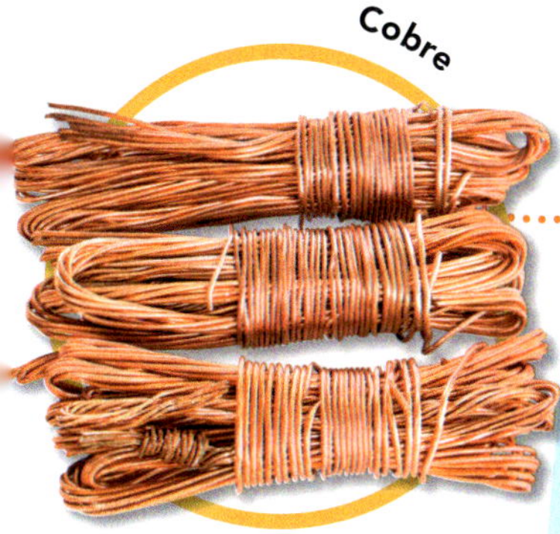

Pequenas partes de cobre são usadas para fazer fios. Ele é reciclado várias vezes por ser valioso.

Capa de plástico

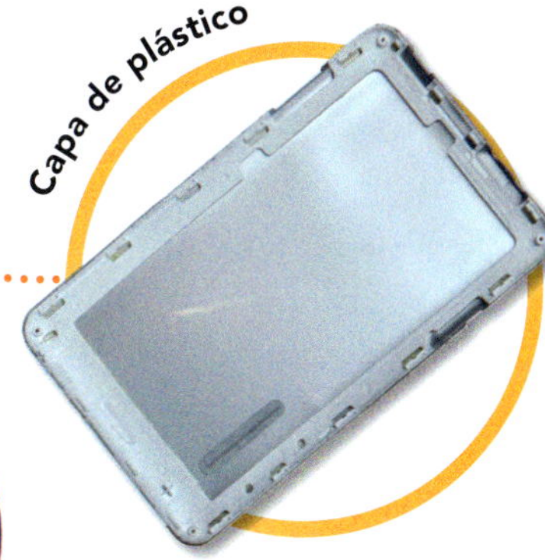

Uma capa de plástico protegerá seu tablet, mas é difícil reciclá-la.

Wafer de silício

As *wafers* de silício podem ser recicladas e utilizadas em painéis solares.

Recicle
Se está muito quebrado para ser consertado, leve-o a um centro especializado de reciclagem, onde as peças são usadas para fazer um aparelho novo.

Extração de minerais

Muitos dos materiais usados em tablets e telefones são difíceis e perigosos de extrair do solo. A mineração de lítio tem sido acusada de poluir a água e matar peixes. Minerais valiosos até são motivo para guerras quando as pessoas disputam quem vai controlar a extração.

Desperdício de comida

Milhões de pessoas em todo o mundo estão lutando para ter comida. Mas, em muitos países, quase um terço dos alimentos é jogado fora. Se a comida que desperdiçamos fosse dada a pessoas que precisam dela, todos teriam o suficiente para comer.

1 em cada 9 pessoas no mundo passa fome por longos períodos.

20% dos laticínios são desperdiçados.

20% da carne é desperdiçada.

30% de cereal é desperdiçado.

30% de peixe e frutos do mar são desperdiçados.

Estima-se que **50%** das hortaliças no Brasil seja jogada fora.

Etapas do desperdício de comida

Ao sair da fazenda, os alimentos passam por muitas etapas antes de chegar aos nossos pratos. Da colheita e armazenamento ao processamento e distribuição, há muitas chances para os alimentos serem desperdiçados até chegar a nós.

8%

Na colheita, as máquinas agrícolas podem destruir frutas e legumes. As plantações também podem ser atacadas por insetos e pragas.

8%

A estocagem ou o transporte inadequado estraga a carne e as colheitas. Importante lembrar também que a carne de animais doentes não é segura para o consumo.

1,5%

Quando a comida crua vira produto, como enlatados e sucos, uma parte dela pode se perder no corte, no descascamento ou na fervura.

R$

Desperdício de recursos

É preciso muita água, energia e terra para produzir comida. Quando o alimento é desperdiçado, toda essa água e energia é perdida também. Se juntarmos os terrenos usados para cultivar alimentos que nunca são consumidos, eles seriam grandes como a China.

20%
dos grãos são desperdiçados.

45%
das frutas e dos legumes são desperdiçados.

É a metade!

Mas grande parte do desperdício de comida acontece mesmo é dentro de casa. Não compre, cozinhe ou coloque no prato mais comida do que você realmente vai consumir!

4%
O alimento às vezes pode vazar no interior do caminhão. Mercados jogam fora produtos frescos que já passaram da data de validade.

11,5%
Restos de comida em nossas casas, escolas, restaurantes e hospitais que são deixados em nossos pratos e vão para a lata de lixo.

Coma!

Você já colocou muita comida no prato e jogou fora as sobras? Há locais onde a comida descartada em casa representa mais da metade de todo o desperdício de alimentos. As famílias às vezes compram demais e a comida apodrece antes de ser consumida. Então, há muito que fazer para evitar o desperdício de comida.

Legumes soltos

Frutas e legumes são vendidos em embalagens múltiplas. Compra-se mais que o necessário. Se eles são comprados separadamente, nenhum vai ao lixo!

Forma estranha

Mercados aceitavam somente frutas e legumes bonitos e de bom tamanho. Agora você pode comprar itens com formatos estranhos por preços mais baratos e que têm o mesmo sabor dos normais.

Óleo usado

O óleo de cozinha usado pode virar biodiesel, combustível dos ônibus de muitas cidades.

Grãos de café

Café usado pode ser colocado em potes pela casa para se livrar de cheiros.

Banana passada

Há quem não goste de comer bananas passadas e marrons. Porém, elas são perfeitas para fazer pão de banana e sorvete.

Sobras

As sobras de comida podem ser congeladas ou refrigeradas para outro dia.

Há países onde restos de comida de restaurantes são dados a animais de fazenda. Porém, alimentos malcozidos podem disseminar doenças entre os bichos. Assim, muitos países proibiram esse tipo de alimentação.

Porção no prato

Não pegue mais comida do que pode comer, pois você poderá pegar mais quando terminar!

MELHOR SE CONSUMIDO ANTES DE XX-XX-XX

Data de validade na comida

Datas de validade mostram até quando a comida está boa para o consumo, mas datas "melhor se consumido antes de" mostram o melhor momento para comer. Pode-se comer o que passou da melhor data desde que não esteja estragado!

A torrada foi criada como uma forma de usar o pão velho!

Pão velho

Se o pão velho não estiver mofado, pode ser usado para fazer torrada, rabanada, bolinho de carne, linguiça, pudim de pão, entre outras delícias.

Para caridade

Comida enlatada ou não perecível que você não vai consumir pode ser doada a quem precisa por meio de um projeto de sopão local, um banco de alimentos ou uma instituição de caridade para sem-teto.

Pão moído

Linguiças

Desperdício de água

Imagine se ficássemos sem água limpa para usar. Precisamos beber água para sobreviver. Mas, além de beber, ela é usada para fazer produtos e muitas outras coisas. A água é limpa para reutilização por meio da eletricidade. Poupar água ajuda a garantir que todos nós tenhamos o suficiente!

Até 12 litros de água são despejados de uma torneira por minuto. Feche as torneiras quando não estiver utilizando ao escovar os dentes e lavar o rosto.

Até 6 litros de água são usados durante a descarga. Em sanitários com grandes e pequenos botões de descarga, o botão menor usa menos água.

Esgoto

Os resíduos do banheiro geralmente são tratados em um local especial. O esgoto não tratado que chega aos rios pode carregar doenças que afetam animais e plantas. O esgoto também pode fazer com que algas cresçam na superfície da água.

A água é um dos nossos recursos mais preciosos. A quantidade de água na Terra não muda, e as pessoas não têm água suficiente em muitas partes do mundo.

Muitas algas juntas impedem a luz de chegar às plantas submersas.

Usamos cerca de 80% da água em plantações. Se a comida é desperdiçada, será necessária mais água para produzir colheitas extras.

Uma vaca criada para a produção de carne bebe **15 vezes** a água que os humanos consomem em um dia!

Um banho consome até 80 litros de água. Banhos rápidos consomem muito menos.

Antes de pintar, carrocerias de carro são limpas em enormes tanques de água.

Nas fábricas

A água é necessária nas fábricas para diluir produtos químicos, lavar peças e resfriar máquinas. Ela também é usada na produção de muitos itens, incluindo alimentos e papel. É importante que haja água suficiente para continuar fabricando os produtos que precisamos.

No Brasil, **94%** das pessoas têm acesso à água potável. Mas projetos de água de reúso ainda são escassos.

1 em cada 9 pessoas no mundo não tem acesso à água potável. Há projetos que constroem poços para fornecer água segura às pessoas.

Energia

A água em movimento gera muita energia que é transformada em eletricidade. Ondas, marés e água fluindo de barragens são usadas para isso também. As hidrelétricas no Brasil são responsáveis por 90% da energia elétrica produzida no país.

Hidrelétricas usam barragens para gerar eletricidade.

Pra onde vai o cocô?

Todo mundo faz cocô! Faz parte da vida. Na natureza, ele é reciclado por pequenos animais invertebrados e ajuda as plantas a crescer. Porém, precisamos de uma forma de nos livrar do cocô de nossas casas e cidades para que ele não comece a acumular!

Dando a descarga

Quando você aperta a descarga, seu xixi e cocô são levados por um cano grande cheio de esgoto (água, xixi e cocô).

Levando o esgoto embora

Bactéria ruim

Gordura

Fatbergs são partes sólidas de gordura em esgotos. Elas são feitas de resíduos que não se dissolvem, como gordura de cozinha e lenços umedecidos.

Cotonetes

Fraldas

1 em cada 3 pessoas no planeta não tem um banheiro limpo e privado para usar.

Cocô de bicho

Animais também fazem cocô! Como donos de bichos, temos de descartar o cocô deles de forma segura para não espalhar doenças ou deixar a casa fedida.

Cocô de cão

O cocô de cachorro é perigoso para as pessoas e outros animais. Recolha-o usando sacos de cocô biodegradáveis e jogue-o no lixo especial.

Separando os resíduos

A água vai para a estação de tratamento de esgoto para ser tratada até ficar limpa de novo. Ela passa por uma peneira gigante, que tira os pedaços grandes de lixo que não deveriam estar ali, como fraldas e cotonetes.

Estação de tratamento de esgoto

Itens que não devem seguir pela descarga, como fraldas, são removidos; às vezes coisas como tijolos e garrafas são achadas no esgoto!

Tanques de tratamento de água

Bactéria boa

Tirando o cocô

Depois, a água residual é estocada em um grande tanque, onde o cocô fica no fundo e é removido. O ar borbulha pela água para ajudar bactérias boas a crescer, o que mata as ruins.

Lodo

Limpando a água

No tanque seguinte, a água é peneirada por meio de um leito de areia e todas as bactérias boas ficam no fundo. Esse material que se instala no fundo é chamado de lodo.

Lodo

A água limpa é então devolvida aos rios e córregos, ou diretamente ao mar.

Tratamento de lodo

Boa parte do lodo que sobrou do tratamento da água é usada na agricultura como fertilizante. Também pode ser queimada para produzir calor, eletricidade ou gás.

Cocô de gato

Os gatos fazem cocô em caixas de areia. Lixo feito de areia pode ser muito ruim para o meio ambiente, então por que não tentar jornal reciclado?

Cocô na natureza

Muitos insetos precisam do cocô para sobreviver! Alguns deles, como os escaravelhos, comem cocô. Eles também colocam seus ovos em uma toca cheia de cocô!

Mundo do lixo

Não é só em nossas casas que criamos lixo. Enormes pilhas vêm de locais como fábricas e hospitais. Muitos desses resíduos são reciclados, incinerados ou enviados para lixões. No entanto, alguns deles precisam ser tratados de formas muito especiais para garantir que não causem danos a pessoas, animais ou ao meio ambiente.

Fábricas

Quando as fábricas fazem novos produtos, como brinquedos ou móveis, também geram muito lixo. Isso inclui produtos químicos como ácido e alvejante, sucata de metal e água poluída.

Usinas de energia e química

Usinas que produzem eletricidade e usinas que fazem produtos químicos podem produzir resíduos perigosos, como o lixo nuclear. Ele deve ser tratado com muito cuidado, para não causar danos a pessoas e animais.

Canteiro de obras

Construir e destruir edifícios gera muito lixo. Grande parte vem de materiais de construção, como tijolos, concreto, madeira e azulejos.

Agricultura, silvicultura e pesca

Na colheita, as partes da planta que não são vendidas se tornam lixo. Isso inclui coisas como cascas de arroz, caules de algodoeiros e cascas de coco.

Mineração e pedreiras

Às vezes, é preciso desenterrar muitas rochas para obter quantidades muito pequenas de minerais valiosos, como ouro ou carvão. Nessa retirada, muitos resíduos de rocha são deixados para trás.

Serviços públicos

Manter nossas cidades limpas produz lixo. Pode ser qualquer coisa, desde o lixo varrido das ruas até a grama do parque local.

Locais médicos

Hospitais e consultórios médicos geram lixo proveniente do tratamento de doenças. Ele pode conter remédios, instrumentos cirúrgicos e até mesmo partes do corpo!

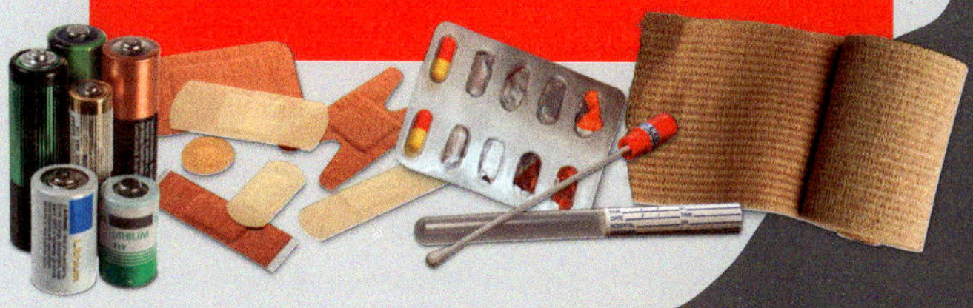

10%

do lixo mundial vem de lares domésticos.

Comércio

Muitos dos resíduos produzidos pelo comércio vêm das embalagens em que seus produtos são entregues e vendidos.

90%

do lixo é de outros lugares.

Mais de 500 mil pedaços de lixo do tamanho de uma bolinha de gude ou maiores estão orbitando a Terra.

Pescando o lixo

Precisamos descobrir formas criativas de remover o lixo do espaço. No futuro, satélites com redes poderiam ser usados para capturá-lo e trazê-lo de volta à Terra.

Em 2017, foram registrados 308.984 casos em que o lixo espacial quase atingiu outros objetos. Mais lixo no espaço pode tornar perigosas futuras viagens espaciais.

Lixo espacial

Não é só a Terra que estamos cobrindo de lixo. Nós deixamos lixo até no espaço! Milhares de pedaços de lixo humano orbitam nosso planeta. De antigos satélites e luvas de astronauta a salpicos de tinta de espaçonaves, esse lixo pode viajar 10 vezes mais rápido do que uma bala e causar danos enormes em naves espaciais.

Detritos grandes

Partes maiores de lixo, como veículos lançadores de foguete, devem ser registradas e rastreadas para que as espaçonaves possam evitá-las. Em 2018, havia mais de 20 mil peças de lixo rastreadas.

ISS

A enorme Estação Espacial Internacional (ISS, em inglês) tem que ser desviada do lixo espacial todo ano. À medida que mais lixo chega ao espaço, a ISS pode ter de fazer mais desses movimentos difíceis.

Detritos pequenos

Há milhões de peças pequenas demais para serem rastreadas, com velocidades de até 28.163 km/h! Nessa velocidade, mesmo detritos do tamanho de bolinhas de gude podem perfurar espaçonaves.

o planeta do futuro

Em 2018, havia cerca de 7,6 bilhões de pessoas em nosso planeta. Até o ano de 2050, será o lar de quase 10 bilhões. Temos o poder de decidir em que tipo de mundo essas pessoas viverão. Será que vamos mudar nossos hábitos e começar a limpar a bagunça que fizemos? Ou continuaremos com nossos caminhos poluidores?

Planeta lixo

Se continuarmos aumentando os lixões na velocidade de hoje, eles podem ficar mais altos que as Grandes Pirâmides do Egito. Imagine turistas voando ao redor do mundo para ver pilhas de lixo velho!

Plásticos
Estamos a caminho de jogar fora 1 trilhão de garrafas plásticas por ano até 2021. Isso é o suficiente para chegar à Lua e voltar, todo ano!

Desmatamento
Se continuarmos a cortar árvores no ritmo atual, em 100 anos não haverá mais florestas tropicais. Algumas das espécies mais belas e fascinantes do mundo podem se perder para sempre.

Oceanos
Embalagens feitas de algas podem substituir o plástico e não prejudicar os peixes que as engolem.

Até o ano de **2050**, haverá mais pedaços de plástico no oceano do que peixes.

Para cada tonelada de lixo que criamos, cerca de 3 metros quadrados de gelo do Ártico derretem.

Gelo derretendo
Muitos países de baixa altitude, como as Ilhas Maldivas, desaparecerão sob o mar se as temperaturas continuarem a subir e mais gelo do Ártico derreter.

E-lixo
Pequenas quantidades de ouro são usadas em laptops e telefones. Porém, entre 2018 e 2078, teremos jogado fora o bastante para construir uma Torre Eiffel de ouro maciço.

Nos **8 anos** entre 2018 e 2025, as pessoas devem usar a mesma quantidade de plástico que consumiram em todo o século XX!

Fontes de energia
Os combustíveis fósseis da Terra vão um dia se esgotar. Isso significa que teremos que usar outras fontes de energia, como as renováveis.

O futuro sem desperdício

Não é tarde para mudar nossas atitudes. A tecnologia do lixo está sempre evoluindo, e os cientistas e engenheiros estão criando novas formas de nos ajudar a reduzir e reciclar nossos resíduos.

Geladeira inteligente Sua geladeira lhe dirá quando consumir alimentos para não perdê-los. Pode até sugerir uma receita para você experimentar!

Roupas biodegradáveis As roupas feitas de fibras naturais, como cânhamo e linho, podem ser jogadas na pilha de compostagem quando se desgastarem.

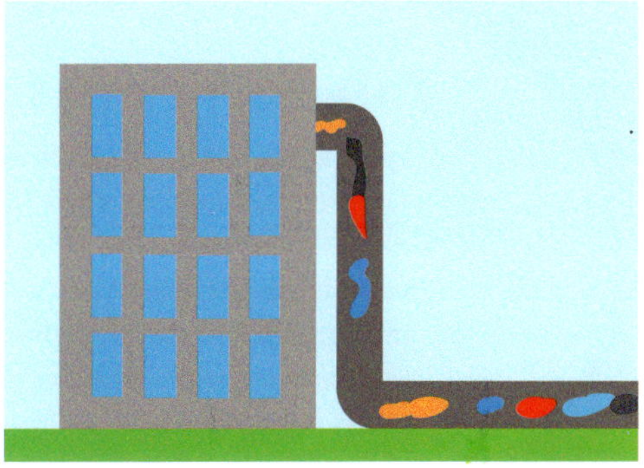

Calhas para lixo Calhas especialmente projetadas para o lixo poderiam transportar resíduos de casas ou escritórios para o centro de triagem, para não precisarmos mais de caminhões de lixo.

Fale com sua escola

Peça que façam mudanças para desperdiçar menos na escola. Papel e cartolina podem ser reutilizados em projetos de artesanato. Faça uma pilha de compostagem escolar ou organize um ponto de troca de uniformes antigos. Você pode falar sobre desperdício e ações práticas aos colegas e professores no pátio mesmo, durante o recreio.

Escreva para um político

Os políticos criam leis que regulam o uso e o descarte de resíduos, como a proibição de sacolas plásticas gratuitas em lojas. Você pode escrever um e-mail ou acionar um político local ou federal via redes sociais cobrando leis a favor do meio ambiente.

Você tem o poder para fazer uma mudança positiva.

Uma família sem plástico

Durante uma semana, recolha todo o lixo de plástico da sua família. No final da semana, reveja cada item e pense em coisas sem plástico que poderia usar. Ao fazer substituições para gerar menos desperdício, você pode ter uma família sem plástico!

Organize um dia de coleta de lixo

Em um local público como praia ou parque, forme um grupo para coletar o máximo de lixo possível. Disputem entre si para achar o lixo mais estranho, mas certifiquem-se de evitar objetos pontiagudos! Peça a um adulto para se livrar deles com segurança.

Glossário

aquecimento global

Quando as temperaturas sobem em todo o mundo.

bactérias

Micróbios que vivem em toda parte na Terra: dentro da comida, no solo e no corpo humano.

biodiversidade

As diferentes plantas e animais que vivem em uma área.

caçador ilegal

Alguém que mata animais sem permissão da pessoa que possui o animal ou a terra em que ele vive.

chorume

Água que absorveu substâncias dos materiais pelos quais passou, como lixo em um aterro.

combustíveis fósseis

Combustíveis formados a partir de animais ou plantas que morreram há milhões de anos, como o carvão.

conservação

Proteção ao meio ambiente e à vida vegetal e animal.

conservante

Substância adicionada à comida que a mantém fresca por mais tempo.

decomposição

Quando um material, planta ou animal morto se desfaz naturalmente.

eco-friendly

Algo que não agride o meio ambiente.

ecossistema

Seres vivos em um determinado ambiente que dependem um do outro para comida ou abrigo.

energia

Força que faz as coisas acontecerem. É encontrada em diferentes formas, por exemplo calor, luz, movimento, som e eletricidade.

espécie-chave

Ser vivo que é um dos mais importantes dentro de um ecossistema.

extinção

Quando uma espécie ou tipo de animal ou planta morre completamente.

gás do efeito estufa

Gás que aprisiona o calor, como uma estufa.

geleira

Rio de gelo que se move muito lentamente.

habitat

Casa ou ambiente natural de um animal.

incineração

Queima de algo – por exemplo, resíduos – em um processo que pode produzir eletricidade.

lençol freático

Água encontrada abaixo do solo.

lixo eletrônico

Resíduos de aparelhos eletrônicos, como tablets e celulares.

marinho

Relacionado a mares ou oceanos.

meio ambiente

Área em que plantas ou animais vivem.

micróbios

Pequenos seres vivos que só podem ser vistos com um microscópio.

mudanças climáticas

Mudança de temperatura e clima em toda a Terra que pode ser natural ou causada pela atividade humana.

ozônio

Uma forma do oxigênio encontrada em uma camada ao redor da Terra, que impede que muita luz ultravioleta atinja a superfície.

poluição

Algo prejudicial que entra no ar, numa fonte de água ou no solo.

recursos naturais

Algo que é útil para os seres humanos, como materiais com os quais podemos construir casas ou que usamos em nossa rotina. Água doce e ouro são exemplos.

renovável

Tipo de combustível ou energia que não se esgotará, como o vento, ou do qual mais pode ser produzido ou cultivado, como árvores.

risco de extinção

Quando uma espécie ou tipo de animal ou planta, com baixo número de exemplares, pode deixar de existir permanentemente.

sustentável

Uso de recursos de tal forma que eles não se esgotem ou fiquem difíceis de encontrar.

tóxico

Substância que é perigosa, como veneno.

ultravioleta (UV)

Tipo de luz que pode danificar a pele humana e de outros animais se a pele ficar exposta a ela por muito tempo.

Índice

Agradecimentos

Caroline Hunt pela revisão; Hilary Bird pela indexação; Abigail Luscombe e Seeta Parmar pela assistência editorial; Sadie Thomas, Xiao Lin, Bettina Myklebust Stovne, Rachael Parfitt Hunt e Anna Lubecka pelas ilustrações;
Neeraj Bhatia, Mrinmoy Mazumdar e Sahni Seepiya pela assistência nos arquivos de alta resolução.

Referências:
P. 36-37: Eunomia Research & Consulting and the European Environmental Bureau. **P. 44-45:** © FAO 2018, SAVE FOOD: Global Initiative on Food Loss and Waste Reduction, http://www.fao.org/save-food/en/, 2018.

A editora gostaria de agradecer aos seguintes pela gentil permissão para reproduzir suas fotografias:

(Legenda: a-acima; b-abaixo/inferior; c-centro; f-longe; l-esquerda; r-direita; t-superior)

2-3 iStockphoto.com: Worradirek (Fundo). **2 Dreamstime.com:** Romikmk (bl); Alfio Scisetti / Scisettialfio (cl, br). **3 123RF.com:** Roman Samokhin (bc, tr). **Dorling Kindersley:** Quinn Glass, Britvic, Fentimans (cr). **Dreamstime.com:** Aperturesound (tl). **4-5 iStockphoto.com:** Stellalevi (Fundo). **6 Getty Images:** Peter Macdiarmid (cl). **7 123RF.com:** photobalance (br). **8 123RF.com:** sauletas (cr). **8-9 iStockphoto.com:** Stellalevi (Fundo). **9 iStockphoto.com:** Dhoxax (crb); pigphoto (cb). **10-11 iStockphoto.com:** Stellalevi (Fundo). **11 Dreamstime.com:** Songquan Deng (bl). **12 Dreamstime.com:** Torsakarin (cl). **13 Depositphotos Inc:** urfingus (c). **Dreamstime.com:** Razvan Ionut Dragomirescu (crb); Photka (tc). **14-15 iStockphoto.com:** Stellalevi (Fundo). **14 123RF.com:** Eric Isselee / isselee (br). **15 Getty Images:** Mamunur Rashid / NurPhoto (bl). **NASA:** Goddard Scientific Visualization Studio (cr, fcr). **16-17 iStockphoto.com:** Stellalevi (Fundo). **16 Dreamstime.com:** Dolphfyn (bl); Andrey Gudkov (br). **iStockphoto.com:** Bogdanhoria (t). **17 iStockphoto.com:** Yotrak (t). **18 Dreamstime.com:** Artjazz (br); Nostal6ie (tr). **19 123RF.com:** Johann Ragnarsson (cl); Valery Shanin (bl); Nerthuz (br, fbr). **Dreamstime.com:** Delstudio (cla). **20 iStockphoto.com:** Kenneth Taylor (br); Wysiati (crb). **21 Alamy Stock Photo:** Arcaid Images (clb); James Davies (bl). **22 123RF.com:** Roman Samokhin (cb); Anton Starikov (crb). **Dorling Kindersley:** Quinn Glass, Britvic, Fentimans (cb/Glass bottle). **Dreamstime.com:** Aperturesound (fcra); Dmitry Rukhlenko (cra); Romikmk (clb). **23 123RF.com:** photobalance (fclb); Anton Starikov (cb). **Dreamstime.com:** Alfio Scisetti / Scisettialfio (clb). **24 Dreamstime.com:** Rangizzz (clb). **24-25 Dreamstime.com:** Maria Luisa Lopez Estivill (b). **25 Dreamstime.com:** Ilfede (crb); Ulrich Mueller (cra); Vchalup (cr); Huguette Roe (clb). **26-27 Getty Images:** Santirta Martendano / AFP. **27 Getty Images:** David Rubinger / The LIFE Images Collection (tr); PhotoStock-Israel (crb). **28 Dreamstime.com:** Alfio Scisetti / Scisettialfio (br). **29 123RF.com:** Aleksey Poprugin (tc, fcr); Roman Samokhin (cra). **Dreamstime.com:** Alfio Scisetti / Scisettialfio (t, fbr). **30 Dorling Kindersley:** Museum of Design in Plastics, Bournemouth Arts University, UK (cb). **Dreamstime.com:** Alfio Scisetti / Scisettialfio (ca). **iStockphoto.com:** MentalArt (cl); t3000 (cla). **31 123RF.com:** Monica Boorboor / honjune (br). **Dorling Kindersley:** Museum of Design in Plastics, Bournemouth Arts University, UK (cb). **Dreamstime.com:** Jo Ann Snover / Jsnover (ca). **iStockphoto.com:** likstudio (crb); Yurdakul (tr). **32-33 123RF.com:** Roman Samokhin (ca). **32 123RF.com:** Aleksey Poprugin (cr). **Dorling Kindersley:** Quinn Glass, Britvic, Fentimans (ca). **Dreamstime.com:** Alfio Scisetti / Scisettialfio (cra). **33 123RF.com:** Aleksey Poprugin (clb); Roman Samokhin (c/Can). **Alamy Stock Photo:** Paulo Oliveira (crb). **Dorling Kindersley:** Quinn Glass, Britvic, Fentimans (c, clb/Bottle). **Dreamstime.com:** Alfio Scisetti / Scisettialfio (ca). **iStockphoto.com:** CasarsaGuru (cl). **34-35 iStockphoto.com:** Stellalevi (Fundo). **34 123RF.com:** Aleksey Poprugin (cr). **36-37 iStockphoto.com:** Stellalevi (Fundo). **36 123RF.com:** Anton Starikov (c). **Dreamstime.com:** (cb/Boxes); Alfio Scisetti / Scisettialfio (ca); Stocksolutions (cra). **iStockphoto.com:** dejanj01 (b); grimgram (cb). **37 Dreamstime.com:** Alfio Scisetti / Scisettialfio (cl). **38 123RF.com:** jemastock (c). **Dreamstime.com:** Alfio Scisetti / Scisettialfio (clb); Tom Wang (cb). **39 Dreamstime.com:** Igor Zakharevich (tc). **40 Dreamstime.com:** Winai Tepsuttinun (tl). **Getty Images:** Norberto Duarte / AFP. **41 Alamy Stock Photo:** Everett Collection Inc (b). **42 123RF.com:** cobalt (cb); szefei (cb/Floresta). **Dreamstime.com:** Jf123 (crb); Nerthuz (clb); Liouthe (cb/Câmera); Nikolai Sorokin (fcrb). **43 123RF.com:** Anton Burakov (cra/Capa de plástico); Sergey Sikharulidze (clb/E-book); scanrail (c). **Alamy Stock Photo:** Africa Media Online (br). **Dorling Kindersley:** RGB Research Limited (cra). **Dreamstime.com:** Andrey Popov (clb); Wissanustock (cla). **44 Dreamstime.com:** Lunamarina (cr). **iStockphoto.com:** Coprid (cl). **45 123RF.com:** Monica Boorboor / honjune (cr); Евгений Косцов (br). **Dreamstime.com:** Lunamarina (ca); Alexander Pladdet / Pincarel (fcra, c, cb). **iStockphoto.com:** Coprid (cb/Caixa de leite); Stellalevi (Fundo). **46 Dreamstime.com:** Varnavaphoto (cl, c). **47 Dreamstime.com:** Steven Cukrov / Scukrov (bl). **48-49 iStockphoto.com:** Pterwort. **48 123RF.com:** Pumidol Leelerdsakulvong (bc). **49 123RF.com:** Eric Isselee / isselee (tr). **Alamy Stock Photo:** Cultura Creative (RF) (cl). **Dreamstime.com:** Supertrooper (cr). **iStockphoto.com:** Androsov (br); YinYang (tl). **50-51 123RF.com:** andreykuzmin (bc). **iStockphoto.com:** Stellalevi (Fundo). **51 Dreamstime.com:** Neal Cooper / Cooper5022 (bc); Josefkubes (cla); Theo Malings (br). **52 123RF.com:** Kirill Kirsanov (cla). **Dreamstime.com:** Buriy (ca); Lightzoom (fcla); Tat'yana Mazitova (fcra); Alexander Levchenko (cra); Photka (bc/Areia); Anton Starikov (bc/Porca); Cherezoff (br). **Fotolia:** Vadim Yerofeyev (bc). **53 123RF.com:** Kanlaya Chantrakool (ca/Grãos de arroz); shaffandi (ca); imagemax (ca/Maçã). **Dreamstime.com:** Henrik Dolle (fcrb); Rsooll (cla); Sarah Marchant (clb); Alexander Pladdet / Pincarel (c); Yury Shirokov / Yuris (c/Pilhas); Sinisha Karich (crb). **54-55 iStockphoto.com:** johan63; Stellalevi (Fundo). **55 NASA:** (br); NASA's Eyes on the Earth 3D (cra). **56 123RF.com:** Boris Stromar / astrobobo (tr); Aleksey Poprugin (cr); Yotrak Butda (bc). **Dorling Kindersley:** Jerry Young (fcrb, crb). **Dreamstime.com:** Steve Mann (clb); Alfio Scisetti / Scisettialfio (tr/Garrafas); Onyxprj (cra). **56-57 Dreamstime.com:** Onyxprj (c/Garrafas); Alfio Scisetti / Scisettialfio (c). **58-59 iStockphoto.com:** Stellalevi (Fundo). **60-61 iStockphoto.com:** Stellalevi (Fundo). **62 123RF.com:** Aleksey Poprugin (fbr/Sacola); Roman Samokhin (fbr). **Dorling Kindersley:** Quinn Glass, Britvic, Fentimans (br). **Dreamstime.com:** Alfio Scisetti / Scisettialfio (fbl). **63 123RF.com:** Roman Samokhin (crb). **Dorling Kindersley:** Quinn Glass, Britvic, Fentimans (bc). **Dreamstime.com:** Alfio Scisetti / Scisettialfio (bl)

Imagens de capa: Frente: **123RF.com:** Aleksey Poprugin bc, Roman Samokhin clb; **Dorling Kindersley:** Quinn Glass, Britvic, Fentimans bl; **Dreamstime.com:** Penchan Pumila / Gamjai cla, cb, Alfio Scisetti / Scisettialfio (Garrafas); Verso: **123RF.com:** Aleksey Poprugin bl, Roman Samokhin clb, cr; **Dorling Kindersley:** Quinn Glass, Britvic, Fentimans clb/ (Garrafa de vidro); **Dreamstime.com:** Alfio Scisetti / Scisettialfio (Garrafas)